I0644378

Miami Century Fox

Legna Rodríguez Iglesias

Winner of the Paz Prize for Poetry,
presented by The National Poetry Series
and The Center for Writing and
Literature at Miami Dade College

Translated from Spanish
by Eduardo Aparicio

BROOKLYN, NEW YORK, USA
BALLYDEHOB, CO. CORK, IRELAND

The National Poetry Series and The Center for Writing and Literature at Miami Dade College established the Paz Prize for Poetry in 2012. This award—named in the spirit of the late Nobel Prize–winning poet Octavio Paz—honors a previously unpublished book of poetry written originally in Spanish by an American resident.

The National Poetry Series was established in 1978 to ensure the publication of five collections of poetry annually through five participating publishers. The Series is funded annually by Amazon Literary Partnership, Barnes & Noble, Betsy Community Fund, the Gettinger Family Foundation, Bruce Gibney, HarperCollins Publishers, Stephen King, Lannan Foundation, Newman's Own Foundation, News Corp, Anna and Ólafur Olafsson, the OR Foundation, the PG Family Foundation, the Poetry Foundation, Laura and Robert Sillerman, Amy R. Tan and Louis DeMattei, Elise and Steven Trulaske, and the National Poetry Series Board of Directors. For a complete listing of generous contributors to The National Poetry Series, please visit www.nationalpoetryseries.org.

The Center for Writing and Literature is a part of Miami Dade College's Cultural Affairs Department. Founded in 2002, The Center creates and produces public literary programs for people of all ages, including Miami Book Fair International. The Center's goal is to create community while promoting reading and writing.

———

This is a work of fiction. All names, characters, places, and incidents are a product of the author's imagination. Any resemblance to real events or persons, living or dead, is entirely coincidental.

Published by Akashic Books
©2017 Legna Rodríguez Iglesias
English translation ©2017 Eduardo Aparicio

ISBN-13: 978-1-61775-589-7
Library of Congress Control Number: 2017936112

All rights reserved
First printing

Akashic Books
Brooklyn, New York, USA
Ballydehob, Co. Cork, Ireland
Twitter: @AkashicBooks
Facebook: AkashicBooks
E-mail: info@akashicbooks.com
Website: www.akashicbooks.com

ÍNDICE

TABLE OF CONTENTS

INTRODUCCIÓN

por Achy Obejas

Miami Century Fox de Legna Rodríguez Iglesias fue el primer manuscrito que tomé en mis manos cuando hice de jurado del Premio Octavio Paz. Leí el primer poema, "Fuji, Ararat", y rápidamente lo puse a un lado. *Qué poema más extraño y maravilloso,* pensé. Tenía un epígrafe absurdo que me hizo reír en voz alta y una historia igualmente descabellada sobre decidir quedarse (o sea, decidir dejar Cuba, quedarse en Estados Unidos). Pero la gran sorpresa fue esta: era un soneto. Un soneto *tradicional.* No un soneto shakespeareano, sino un soneto en el estilo italiano de Petrarca: un poema con un argumento y un contraargumento; los ocho primeros versos divididos en dos estrofas, seguidos de un sexteto de respuesta y en una rima consonante nada fácil.

Volteé la página. Otro soneto. Y otro. ¿Sería una broma? ¿Quién escribe un libro de sonetos hoy en día? ¿Un libro de sonetos sobre los temas contemporáneos de inmigración, adaptación y asimilación, resistencia e identificación (y, por supuesto, el amor), sonetos salpicados con un humor tan fino y una pizca de inglés de vez en cuando?

Puse a un lado el libro de Legna y seguí explorando las otras propuestas. Pero ese libro me seguía llamando. Cada vez que volvía a él, los poemas hacían exactamente lo que se había propuesto Petrarca: cantar. Me encontré leyéndolos en voz alta, leyéndoselos a mis amigos, llamando a la gente simplemente para poder recitarles los versos que Legna había escrito.

Qué perfecto, pensé, que Petrarca —quien sirvió de puente entre la época clásica y la moderna— prestara ahora su modelo poético a Legna, recién llegada, y todavía en algún lugar entre el aquí y allá, el ahora y el entonces, el ahora y el mañana, entre Cuba y Estados Unidos.

Casi ya me había convencido de seleccionar el libro cuando recordé que habría que traducirlo. Y, como traductora que soy, me pregunté: ¿querría yo realmente torturar a otro traductor con este proyecto? No es solo que la poesía sea difícil de traducir, sino, además ¿sonetos? El soneto petrarquista favorece a las lenguas romances porque están repletas de rimas inherentes.

INTRODUCTION

by Achy Obejas

Legna Rodríguez Iglesias's *Miami Century Fox* was the first manuscript I picked up when I judged the Octavio Paz Prize. I read the first poem, "Fuji, Ararat," and quickly put it back down. *What a strange and wonderful piece,* I thought. It featured an absurdist epigraph that made me laugh aloud and an equally fanciful story about deciding to stay—that is, deciding to leave Cuba, to stay in the United States. But here's the kicker: it was written as a sonnet. A *traditional* sonnet. Not Shakespearean but Petrarchan, the Italian kind: a poem with an argument and a counterargument built into it; the first eight lines divided into two stanzas, followed by a responding sestet; and a not-easy rhyme scheme.

I turned the page. Another sonnet. And another. Was she kidding? Who writes a book of sonnets these days? A book of sonnets on the thoroughly contemporary topics of immigration, adaptation and assimilation, resistance and identification (and, of course, love); sonnets sprinkled with such fine humor and a little dash of English now and again?

I put Legna's book down and went on to explore the other submissions. But it kept calling me back. Every time I revisited, the poems would do exactly what Petrach intended: they'd sing. I found myself reading them aloud, reading them to friends, calling people just so I could sound out the lines Legna had written.

How perfect, I thought, that Petrach—who bridged the classical and the modern periods—should lend his poetic design to Legna, newly arrived, and still somewhere between here and there, now and then, now and tomorrow, Cuba and the US.

I had almost convinced myself to choose the book when I remembered it would have to be translated. And as a translator myself, I kept wondering: did I really want to torture another translator with this project? It's not just that poetry is difficult to translate, but sonnets? The Petrarchan favors Romance languages because they're packed with inherent rhymes. Was there even the slightest chance of bringing these into English?

¿Existía acaso la posibilidad más mínima de llevarlos al inglés?

Cuando mi amigo Yoss, el escritor cubano de ciencia ficción, pasó por el área de San Francisco en su más reciente gira de autor, le mostré el manuscrito y lo vi sonreír de oreja a oreja leyéndose los poemas. "¡Son maravillosos!", exclamó. Al terminar su visita ya estaba recitando versos enteros.

Al diablo con el traductor, pensé. Y, después de haber examinado todas las otras propuestas, finalmente me lancé y seleccioné *Miami Century Fox* como ganador del Premio Paz de Poesía de 2016.

Excepto que . . . El traductor resultó ser uno de mis más antiguos y queridos amigos y, afortunadamente, uno de los mejores traductores que he conocido: Eduardo Aparicio. Nuestra amistad, de hecho, comenzó con la traducción, cuando estuve contratada temporalmente en una agencia de traducción de Chicago donde Eduardo trabajaba regularmente. Eso fue en los años ochenta, así que ha habido mucha traducción entre nosotros dos desde ese entonces.

Cuando le pregunté si traduciría a Legna, ambos nos reímos porque habíamos tenido reacciones muy similares. "Leí el primer poema", dijo. "Tenía algo que era fascinante y confuso. Algo profundamente misterioso y seductor, pero que daba miedo. El poema parecía juguetón en la superficie. Inteligente, sí. Pero también: ligero, irreverente. Sin embargo, tenía un sentido de profundidad, algo incluso sombrío, que me desconcertaba. No estaba yo seguro a qué tentación me estaba sometiendo."

Eduardo decidió plantearse el reto de traducir el primer y el último poema del libro. "Se me hizo claro que el libro tenía un arco narrativo: un comienzo y un final con una serie de altibajos, de pruebas y tribulaciones por el medio. Una especie de diario de viaje, casi. Una travesía contada en rima en cincuenta y un sonetos."

A medida que se adentraba en el proyecto, se sintió cada vez más embelesado: "Había una precisión en los poemas en español que pareciera imposible reproducir en inglés: dos cuartetos, dos tercetos, cada verso un endecasílabo, con un patrón de rima uniforme y repetitivo: ABBA, ABBA, CDC, DCD. En cada poema, una y otra vez, página tras página. Persis-

When my friend Yoss, the Cuban science-fiction writer, passed through California's Bay Area on his most recent book tour, I showed him the manuscript and watched as he grinned from ear to ear reading the poems. "These are marvelous!" he exclaimed. By the time he left, he was reciting entire lines.

Damn the translator, I thought. And after reviewing all of the other submissions, I finally took the plunge and selected *Miami Century Fox* as the winner of the 2016 Paz Prize for Poetry.

Except that . . . the translator turned out to be one of my oldest and dearest friends, and—luckily—one of the finest translators I've ever met: Eduardo Aparicio. Our friendship, indeed, began with translation, when I was hired as a temp at a Chicago translation agency where Eduardo was a regular. That was back in the eighties, so a lot of translation has happened between us since then.

When I asked him about translating Legna, we both laughed because we'd had very similar responses. "I read the first poem," he said. "There was something exciting and confusing about it. Something deeply mysterious and seductive, yet scary. The poem seemed playful on the surface. Smart, yes. But also: light, flippant. Yet there was a sense of depth about it, even a certain darkness that was disconcerting to me. I wasn't sure what I was being lured into."

Eduardo decided to challenge himself by translating the first and last poems of the book. "It was clear there was an arc to the entire book. A beginning and an end with a series of ups and downs, of trials and tribulations, in between. A kind of travelogue, almost. A journey told in rhyme in fifty-one sonnets."

As he delved deeper into the project, he became more and more entranced: "There was a precision about the poems in Spanish that seemed impossible to replicate in English: two quatrains, two tercets, each line eleven syllables, and a consistent repeating rhyming pattern—ABBA, ABBA, CDC, DCD. Every time, again and again, page after page. Persistent. Relentless. Unapologetic. At first the rhymes seemed arbitrary, just a playful, perhaps meaningless, use of sounds. A decorative element, like

tente. Implacable. Sin perdones ni disculpas. Al principio las rimas parecían arbitrarias, un uso de sonidos, simple y juguetón, quizás sin sentido. Un elemento decorativo, como lucir cierto corte de pelo o cierta camisa de flecos solo por el efecto que tendrá cuando sacudas el cuerpo en la pista de baile. Pero las rimas revelaron poco a poco su profundidad, sus múltiples niveles de significado. Eran palabras muy precisas (*chat/Ararat/cat* o *colina/neblina/aspirina*). No eran rimas a partir de los trucos habituales inherentes al español, basándose en familias de palabras o una morfología predecible basada en terminaciones verbales comunes repetidas frecuentemente. Se me hizo claro que las rimas no eran un adorno, sino parte de una economía de recursos. Cada poema se revelaba como una expresión concisa, económica e intensa de una experiencia vivida y concreta."

Fue entonces que decidió que el proyecto de traducción no se podía hacer. "Esto está más allá de mí", dijo. "Es imposible."

Por suerte para nosotros, él no pudo resistir el canto de sirena del libro. Lo imposible se hizo posible.

El libro que tienen en sus manos es obra de dos grandes artistas: de la poeta Legna Rodríguez Iglesias y de su traductor, Eduardo Aparicio. Con los poemas presentados en paralelo en este volumen, el español a un lado y el inglés al otro, podrán saborear el genio detrás de la obra original y de su interpretación en inglés.

Este es el debut en inglés de Legna, pero ella no es de ninguna manera una poeta emergente. Aquí hay una voz sazonada y feroz, tierna y afilada como una navaja.

Les prometo, queridos lectores, que no encontrarán otro libro como este, ni otro poeta semejante a Legna Rodríguez Iglesias, nunca jamás.

Achy Obejas es la autora de las aclamadas novelas Ruins, Days of Awe *y otros cuatro libros de ficción, entre ellos la colección de cuentos* The Tower of the Antilles *(Akashic Books, 2017). Editó y tradujo al inglés la antología* Havana Noir, *y desde entonces ha traducido a Junot Díaz, Rita Indiana, Wendy Guerra y muchos otros escritores. En 2014 recibió una beca USA Ford Fellowship por sus escritos y traducciones. Actualmente se desempeña como la Distinguished Visiting Writer (Escritora Distinguida Visitante) en Mills College de Oakland, California.*

Legna Rodríguez Iglesias / Miami Century Fox

sporting a certain haircut or wearing a certain shirt with fringes just for the effect it will have when you shake your body on the dance floor. Then the rhymes slowly revealed their depth, their multiple layers of meaning. They were very precise words *(chat/Ararat/cat or colina/neblina/aspirina)*. The rhyming was not done with the usual tricks inherent in Spanish, relying on word families, and the predictable morphology based on common and often repeated verb endings. It became clear to me the rhymes were not an adornment but part of an economy of means. Each poem revealed itself as a succinct, economical, intense expression of a lived, concrete experience."

That when he decided the translation project couldn't be done. "This is beyond me," he said. "It's impossible."

Lucky for us, he couldn't resist the book's siren call. The impossible became possible.

The book you're holding in your hands is the work of two great artists, the poet Legna Rodríguez Iglesias, and her translator, Eduardo Aparicio. With the poems formatted in this volume with Spanish on one side and English on the other, you can savor the genius behind the original work and its English rendering.

It's Legna's English debut, but by no means is she an emerging poet. Here's a voice that's seasoned and fierce, tender and sharp as a blade.

I promise, dear readers, that you will not encounter another book quite like this, nor another poet quite like Legna Rodríguez Iglesias ever again.

Achy Obejas the author of the critically acclaimed novels Ruins, Days of Awe, *and four other books of fiction, including the short story collection* The Tower of the Antilles *(Akashic Books, 2017). She edited and translated (into English) the anthology* Havana Noir, *and has since translated Junot Díaz, Rita Indiana, Wendy Guerra, and many others. In 2014, she was awarded a USA Ford Fellowship for her writing and translation. She currently serves as the Distinguished Visiting Writer at Mills College in Oakland, California.*

Legna Rodríguez Iglesias / Miami Century Fox

¡Me planto!, grité.
Las manos amarillas de hepatitis.
Me voy por encima, dijo mamá,
y ganó el juego.

FUJI, ARARAT

Mi amiga me lo dice por el chat.
Que tengo que quedarme, que es mejor.
Me dice que el amor no es el amor.
Yo creo en el amor. Se cae el chat.

Me voy al Monte Fuji, al Ararat.
Me tomo cuatro vasos de licor.
Me digo: ya verás que habrá confort,
no temas, pobre chica, *little cat*.

Vi un abismo, subiendo la colina.
Bajando la colina, vi un abismo.
¿Qué pasa si me pierdo en la neblina?

Cambiaré de sofá y metabolismo.
Cambiaré de laxante y aspirina.
Yo creo en el amor y en el turismo.

I'm out, I cried.
My hands yellow with hepatitis.
I'm all in, said Mama,
and won the game.

FUJI, ARARAT

My friend, she texts me in a chat.
It's better if I stick around.
Love is not really love, or so she's found.
But I believe in love. Poof goes our chat.

I'm off to Mount Fuji, to Ararat.
I toss back four shots of booze.
I tell myself: You will see, no more blues,
fear not, poor girl, *little cat.*

On my way up the hill I saw an abyss.
I saw an abyss on my way down the hill.
So what if I lose myself in the mist?

I will swap couches and metabolism.
I will swap laxatives and pain pills.
I believe in love. I believe in tourism.

Estábamos chateando en Facebook
y tú me preguntas cuántos poemas pienso incluir en este libro,
y yo te digo que tal vez *cincuentiuno*, para no extenderme mucho,
porque los poemas con rima siempre me han parecido monótonos,
o tal vez cincuenta y nueve, porque es el año en que triunfó una Revolución,
y tú me dices ¡Patria o muerte (unidos), venceremos!

PUEBLO GUSANO

¡Que pase por aquí el pueblo gusano!,
aullaba una mujer en el pasillo.
Sostenía en la mano su martillo
y en la otra una hoz. El aeroplano

desde el que aterrizara muy temprano
con mochila y laptop y lazarillo
se detuvo de golpe como un grillo
sobre tecla/península de piano.

Vi el teatro más feo. Vi la guerra.
Una escena más cómica que trágica.
Una niña, una yegua y una perra

iban casi llorando. Tarde mágica.
Un ratón disparó contra la perra.
Me dio risa y melindre. Tarde mágica.

We were chatting on Facebook
And you asked how many poems I plan to include in this book,
And I said maybe fifty-one, so as not to overextend myself,
because poems that rhyme have always seemed monotonous to me,
or perhaps fifty-nine, because that's the year when a revolution triumphed,
and you said Homeland or death (united), we shall overcome!

MAGGOT NATION

Let the maggot nation come this way!
the woman in the hallway yelled.
In one fist she wielded a hammer,
in the other, a sickle. Very early today

I stepped off a plane,
backpack, laptop, guide for the blind in tow,
I landed like a cricket,
on the key/peninsula of a piano.

I saw the ugliest of theaters. I saw war.
It was a scene more comic than tragic.
A girl, a mare, and a bitch

went by almost crying. Afternoon magic.
A mouse shot at the bitch.
It made me laugh, it made me fuss. Afternoon magic.

La idea surge porque mi mejor amigo
un día se aparece con la idea
de que hiciéramos un libro juntos,
y yo quería otra cosa, conversar,
hablar de amor, de sexo, de alegría,
pero él seguía en sus trece,
y en sus catorce,
que hiciéramos un libro juntos,
y no solo un libro, sino algo peor,
¡un libro con rima y métrica!
Así que me sembró esa semilla,
el frijol mágico del desafío,
y empecé sola, sin él.
Lo abandoné entre la nieve.

PETIT CAFÉ

Cuatro partes iguales el croissant.
Cuatro tazas iguales de café.
Pie derecho buscando su otro pie
aunque nunca jamás se encontrarán.

Tan iguales están que ya no están.
De los cuatro que fueron quién se fue.
Mesa coja es la mesa que me sé
de memoria. Memoria de *elephant*.

Hace días salimos de la aduana.
Yo salí de segunda. Tú primero.
No tires el croissant por la ventana.

The idea sprouted because one day
my best friend came up with the idea
that we do a book together,
and I wanted something else, to talk,
talk about love, sex, joy,
but he insisted,
and persisted,
that we do a book together,
and not just a book, but something worse,
a book with rhymes and meters!
So he planted that seed in me,
that magic bean of a challenge,
and I started all alone, without him.
I left him out in the cold.

PETIT CAFÉ

A croissant split in four equal parts.
Coffee in four equal cups, so fair.
Right foot looking for its pair,
never to be found, forever apart.

So equal yet no longer extant.
Of those four who chose to go?
Wobbly table is the one I know
by heart. Memory of an elephant.

We left the customs days ago.
I was behind, you went before.
Don't throw the croissant out the window.

Legna Rodríguez Iglesias / Miami Century Fox

A finales de enero es más enero.
La semana al final es más semana.
Cada vez que me miras no te quiero.

The end of January is January to the core.
The final week is even more so.
You look at me and I don't love you anymore.

Los poemas reunidos aquí, en conjunto o separados,
están siendo escritos con la esperanza de algo.
Volver a ver a alguien, tal vez.
Volver a verlos a todos.
Personas con las que sueño a diario,
y en esos sueños las organizo y escondo,
si no las muerdo.

BUENOS DÍAS, CORAL GABLES

Coral Gables. Las cinco y veintisiete
del quince de febrero. Hace un mes
que maté una persona. O era un pez
que aleteaba en el suelo del retrete.

Lo maté con punzón. O era machete
aquello que blandí solo una vez.
No hacen falta más golpes si tú crees
que matar significa saca y mete.

Coral Gables. Hay árboles afuera.
Es un valle de árboles tan ancho
como puede ser ancha una pradera.

Edificios y casas. Ningún rancho
donde hacerme un café de carretera
ni colgar mis juguetes en un gancho.

The poems collected here, together or separately,
are written in the hopes of something.
Seeing someone again, maybe.
Seeing everyone again.
People I dream of every day,
and in those dreams I organize them and hide them,
or I'll bite them.

GOOD MORNING, CORAL GABLES

Coral Gables. February 15,
at five twenty-seven. A month ago
I killed someone. I don't know,
or maybe a fish on the floor of this latrine.

I killed it with a spike. Or a machete whack.
I swung just once, and that was that.
That's all it takes if you believe
that killing is just stick it in, pull it back.

Coral Gables. There are trees outside.
A valley with trees, as far as the eye can see.
Like a prairie, it's that wide.

Buildings and houses. No place for me
to get a cup of coffee and break my ride
or a hook to leave my toys hanging free.

Legna Rodríguez Iglesias / Miami Century Fox

Desde que llegué
he estado subiendo y bajándome de buses, trenes, metros.
Transportes públicos que la gente de aquí no conoce, no usa.
El transporte público fue quien mejor me dio la bienvenida.
Cuando conozco a alguien y llego a tiempo a la cita
entiendo que lo he ofendido.
Jamás nos volveremos a ver.
Las cosas son azules.

ESTACIÓN DE DOUGLAS ROAD

En silla dedicada a Rosa Parks
me senté como pluma sobre fuego
y cerré los dos ojos. Niño ciego
que prefiere Bajtín a Carlos Marx.

Parecía película de Lars
Von Trier cuando volví del otro juego,
un mapa sin leyenda donde el lego
también puede ser logo, *feas arts*.

Se detiene de pronto el autobús
por semáforo en rojo, por ardilla.
Se detiene la idea de la luz.

Al chofer no le gusta mi sombrilla.
No le gusta Zambrano, ni Deleuze.
Adiós logo, adiós Rosa, y adiós silla.

Since my arrival
I've been getting on and off buses, trains, metros.
Public transportation that people here do not know, do not use.
Public transportation was what gave me the best welcome.
When I meet someone and I arrive on time for our date
I understand that I have offended him.
We will never see each other again.
Things are blue.

DOUGLAS ROAD STATION

On a seat named in honor of Rosa Parks
I sat like a feather on a fire
and closed both my eyes. A blind child
who prefers Bakhtin to Karl Marx.

It looked like a movie by Lars
von Trier on the way back from the other game,
a map with no key where a layman
can also be a logo, such hideous art.

The bus abruptly stops
for a red light or a squirrel.
The idea of light stops.

The driver doesn't like my umbrella.
He doesn't like Zambrano or Deleuze.
Goodbye logo, goodbye Rosa, and goodbye seat.

Legna Rodríguez Iglesias / Miami Century Fox

Todas las fotos que quiero ver están en mi laptop.
Y si no, en mi teléfono.
Y si no, en Google.
Y si no, en Facebook.
Y si no, en una nube.
¿Esas imágenes son reales, o falsas?

MIRA LA FOTO

No soy yo la que ríe en esa foto
ante el ojo perfecto que no eres.
Ni es la risa de mí lo que prefieres,
ni es la página seis la que se ha roto.

Cuando asoma mi pétalo de loto
es al pétalo al único que hieres.
Ten paciencia de árbol y no esperes
que me vaya y regrese, qué alboroto.

Luz y sombra, ternura y egoísmo
que me das y te doy, equivocada.
La foto de la luz provoca sismo.

Para ser una foto abandonada
tiene gracia mirarse en uno mismo
y ver del edificio la fachada.

All the photos I want to see are on my laptop.
And if not, on my phone.
And if not, in Google.
And if not, on Facebook.
And if not, in a cloud.
Are these images real or fake?

LOOK AT THE PICTURE

It isn't me in that photo laughing
at the perfect eye that isn't you.
Nor is my laughter what appeals to you,
nor is page six the one now torn.

When it starts to peek, the petal of my lotus
is the only one that you mistreat.
Do not wait and be as patient as the trees
while I come and go, what a ruckus.

Light and shadow, tenderness and selfishness,
which we mistakenly exchange,
the photo of light causes a quake.

In a photo cast aside
to look at oneself is strange
and see the building from the outside.

Legna Rodríguez Iglesias / Miami Century Fox

Se trata de un mercado donde todo es orgánico
y donde tienes la seguridad de que lo que compras
ha brotado de la tierra realmente,
o ha nacido de parto natural,
o se ha fecundado en un huevo cálido, luminoso.
Tienes la seguridad de eso, y también tienes tus dudas.
Siempre más de un sentimiento,
para elegir.

BIENVENIDO A WHOLE FOOD

Está bien. La semilla es la semilla.
Los hongos y las algas, Christian Dior.
El aceite de sésamo, señor,
para hacer un pescado a la parrilla.

Todo encaja. De quinoa la tortilla.
Fruta y queso. Gusano en coliflor.
Nada tiene sabor a otro sabor.
Yo brillo porque adentro maíz brilla.

No poema. No música. No cine.
No teatro. Ninguna arquitectura.
A llenar lo vacío solo vine.

Y vacía seré. Porque hermosura
solo habrá cuando inmóvil adivine
la respuesta del hambre en la escritura.

It's a market where everything is organic
and where you are sure that what you buy
has truly sprouted from the earth,
or has been born from natural childbirth,
or has been fertilized in a warm, luminous egg.
You are sure of that, and you also have your doubts.
Always more than one feeling,
to choose from.

WELCOME TO WHOLE FOOD

It's all good. A seed is still a seed.
Mushrooms and seaweed, and Christian Dior.
Some sesame oil, señor,
I'll be making fish on my grill.

A quinoa tortilla. It all fits.
Fruit and cheese. In cauliflower, a worm.
No flavor is like any other flavor.
I shine because inside corn shines.

No poetry. No music. No film.
No theater. No architecture.
I only came the emptiness to fill.

And empty I shall be. As beauty
shall only be when stock-still I divine
that the answer to hunger is to write.

Es absurdo saber que camino,
duermo, me levanto, desayuno, sonrío, lloro,
sobre una inmensa extensión de fango.
Eso, y la posibilidad de desaparecer,
todos, una tarde cualquiera.

MUJER EN LOS EVERGLADES QUE NO COMPRENDE EL INCENDIO

Pantano bajo el hombre no es bondad.
Pantano sin escombro no es pantano.
La mano sobre mí no es una mano.
La flor que surgiría en la humedad.

Había en el pantano oscuridad
mucho antes del hombre y de su hermano.
Ese día salieron muy temprano.
Construyeron la casa a la mitad.

Al abrir la mandíbula y morder
vi que flor no era fría ni caliente.
Tengo hambre de flor, qué puedo hacer.

Tengo hambre de hierro. Soy prudente.
Hambre vieja de hijos. Hay que ver.
A mi casa no viene ni la gente.

Legna Rodríguez Iglesias / Miami Century Fox

It's absurd to know that I walk,
sleep, get up, eat breakfast, smile, cry,
on a vast expanse of mud.
That, and the possibility of disappearing,
all of us, some afternoon.

WOMAN IN THE EVERGLADES WHO DOES NOT UNDERSTAND THE FIRE

Swamp under a man is not kind, and
swamp with no rubble is no swamp.
The hand on me is not a hand.
The flower that would grow in the damp.

In the swamp, it was dark
long before man arose from the silt.
That day, he and his brother set out with the lark,
and left half-finished the house they built.

When I opened my jaw to take a bite
I found that flower was neither hot nor cold.
I hunger for flower, how couldn't I.

I hunger for iron. I'm not too bold.
An old hunger for children. None in sight.
No one even comes to my home.

Legna Rodríguez Iglesias / Miami Century Fox

Entre mis cosas, cruzando el golfo,
un dispositivo externo con montones de películas.
Entre esas películas, Harmony Korine.
Él me muestra quién soy.
Y yo escribo quién soy.

BASURA BLANCA

Más extraña que bus en la avenida
voy a pie por la acera de Le Jeune,
holgazana de todo y de ningún
trabajo. Tengo libros y una herida.

Más derecha que metro en la salida
serpenteo los autos, como atún
en profundos océanos. Algún
hombre sucio saluda. ¡Bienvenida!

Más ardilla que tren en el andén
subo por escalera horizontal
y me caigo de nalgas. *Fuck you, tren.*

Romerillo podrido en lodazal,
hormiguita dormida en su llantén,
cualquier cosa me sirve y me da igual.

Among my things, crossing the Gulf,
an external drive with lots of movies.
Among those movies, Harmony Korine.
He shows me who I am.
And I write who I am.

WHITE TRASH

Stranger than a bus on the avenue,
I'm walking on the sidewalk on Le Jeune,
Carrying books and a wound,
Lazy bones, no work to do.

Straighter than a ruler here I come,
dodging cars like a tuna
in deep oceans. Some
dirty guy greets me. Welcome!

More like a squirrel than a train in the station,
the moving sidewalk takes me up.
But I fall on my ass. Fuck you, train.

Rotten romerillo in morass,
tiny ant asleep on its plantain,
anything will do for me, and to me, it's all the same.

Me viene a buscar en su
transportation,
un vehículo usado que parece que va a descomponerse
en medio de ninguna parte.
Parece ser la misma del año pasado.
No es la misma del año pasado.
El año pasado tampoco lo era.

SON PIONEROS

A la una explotaron las escuelas.
A las dos comenzó interrogatorio.
Un niño se orinó en el escritorio.
Una niña se fue con sus abuelas.

A las tres, policías medio lelas
nos miraron con duda de jolgorio.
A las cuatro lloramos en velorio
por los niños caídos. Cuatro velas.

Esa noche nos fuimos en avión.
Pantalones vintage. Redondas gafas.
Botellitas de vodka y edredón.

Parecíamos tigres o jirafas.
Tito's Vodka de Texas. Picazón.
Ya no somos ni tigres ni jirafas.

Legna Rodríguez Iglesias / Miami Century Fox

He comes to pick me up in his

transportation,
an old junker that looks like it's going to break down
in the middle of nowhere.
It looks like the same one he had last year.
It's not the same one as last year.
Last year wasn't either.

THEY ARE PIONEERS

The schools blew up at one o'clock.
At two the interrogators went to bat.
A boy wet himself where he sat.
A girl left with her grandmas.

At three, female cops, kind of dumb,
looked at us with doubts of fun.
At four we wept at the wake
for the dead children. Four candle flames.

That night we left on a plane
Vintage slacks. Round eyeglasses.
Mini vodka bottles and a quilt.

We looked like tigers or giraffes.
Tito's Texas vodka. Burning tongue.
We're not tigers or giraffes.

Legna Rodríguez Iglesias / Miami Century Fox

Un inmenso animal político me invita a Providence.
Recuerdo ese lugar como una promesa de amor.
Y una promesa de muerte, también.
Harán cuatro años de esa promesa.
Que como una promesa real, casi se cumple.

VEN A PROVIDENCE

Escarcha en la cabeza, cinco grados.
Las nalgas y las piernas están frías.
Me duelen los pezones, las encías.
Tal vez tengo los dientes congelados.

En Providence los hombres, despeinados,
trabajan con la nieve de los días.
Las mujeres sacuden sus estrías.
Hay nieve ahí también, menos diez grados.

De Miami a Providence. Me voy
a la tumba de un viejo amigo mío.
Si la nieve se atreve yo le doy

palabras y oraciones. Yo me río
de la nieve del mundo porque estoy
hasta el último pelo. Yo me río.

A huge political animal invites me to Providence.
I remember that place as a promise of love.
And a promise of death too.
It's been about four years since that promise.
And, like a real promise, it almost came true.

COME TO PROVIDENCE

Frost on my head, at five degrees.
My legs and butt so cold they're blue.
My gums and nipples are painful too.
I think my teeth are about to freeze.

Providence men, their hair askew,
deal with the snow, day out, day in,
the women with stretch marks on their skin,
ten degrees below, there's snow there too.

From Miami to Providence, here I go
to the tomb of a friend of old.
And in a dare with the snow,

I'll talk, I'll pray, I'll laugh
at the world and all its snow.
Because I'm sick of it all. So, I'll laugh.

¿Un alien posee un ancestro?
¿Quién es el abuelo del alien?
En caso de ser un no-alien,
¿existe también un no-ancestro?

MS TROLLEY RECUERDA PAÍSES

Entonces, para no hacer largo el cuento
me dijeron su caso está aprobado
aunque es caso pendiente, delicado.
Y salí más tranquila, pero lento.

Desde cama/sofá, con desaliento,
recordé las ciudades donde he estado,
Mozambique, París, Tokio, Belgrado.
Solo en mapa y en sueños, no te miento.

Mi caso era un mal caso porque yo
tuviera la mirada que tuviera
tal vez decía sí cuando era no.

Y miraba a los ojos a cualquiera
porque fue lo que *daddy* me enseñó
seas alien o seas extranjera.

Legna Rodríguez Iglesias / Miami Century Fox

Does an alien have an ancestor?
Who's the alien's grandfather?
In the case of a non-alien,
is there also a non-ancestor?

MS TROLLEY REMEMBERS COUNTRIES

So, to make my story more compressed,
it's been approved, your case, or so they say,
though pending, a delicate case.
And I left calmer, though unhurried.

From the bed/sofa, feeling blue,
I thought about the cities where I've stayed.
Mozambique, Paris, Tokyo, Belgrade,
but just on maps, in dreams, I won't lie to you.

My case was tricky, because with me,
whatever look my eyes may give,
they might perhaps say yes when no is what I mean.

My daddy said to always try
to look people in the eye,
whether alien or foreign, whoever you are.

Legna Rodríguez Iglesias / Miami Century Fox

La razón por la cual
continúo escribiendo sobre dígitos,
texturas, sentimientos,
es tan simple como la base de una familia,
una sociedad.
Esos procesos y yo, formamos una.

ONCE & ONCE

Once y once. Los dígitos iguales
significan iguales metonimias.
Ahora con qué rimo metonimias
si niego el diccionario. ¿Por qué sales

de adentro hacia más dentro? ¿Minerales?
Me da por recordar otras alquimias.
Alquimias solo rima con alquimias.
Once y once. Deshechos animales.

Next dígito. *Next* piedra. *Next* tatuaje.
Valora calidad de la llamada.
Mamita, ya no sigas con el viaje.

Once y once. O estás idiotizada,
o solo necesitas que el mensaje
atraviese el desierto y la nevada.

The reason why
I continue to write about digits,
textures, feelings,
is as simple as the foundation of a family,
a society.
Those processes and I, we are one.

ELEVEN & ELEVEN

Eleven and eleven. Identical digits.
That means identical metonymies.
How will I now find a rhyme for metonymies
if I ignore the dictionary? Why do you emerge

from within to go deeper inside? Minerals?
I'm reminded at times of other alchemies.
Alchemies only rhymes with alchemies.
Eleven and eleven. Animal scraps.

Next digit. *Next* stone. *Next* tattoo.
Value the quality of the call.
Mamita, stop going on and on about the trip.

Eleven and eleven. Either you are a ditz,
or you only need the message
to cross the desert and the snow.

Esa tarde yo no estaba en el apartamento.
Cuando llegué me pusieron frente a ella y me la presentaron.
Un escalofrío atravesó mi columna.
Un montón de cosas malas cruzaron mis ideas.
Me sentí acechada.
Embrujada.
Les dije a todos que eso era inadmisible.

SAMANTHA TIENE UN TEDDY BEAR

Anoche nos trajeron a Samantha
con su ropa, sus libros y su cuna.
Se durmió más durmiente que ninguna
tapada de los pies a la garganta.

Anoche nos trajeron a Samantha.
Es huérfana de padres y de luna.
Pero es muñeca rica, por fortuna.
Son de oro los hilos de su manta.

Las sillas y la mesa para el té
donde Samantha toma el té a las cinco
nos dan ganas de hacerla fricasé.

Samantha nos da ganas de dar brinco
alrededor del plato de suflé.
Odiamos a Samantha con ahínco.

That afternoon I was not in the apartment.
When I arrived they sat us down together and introduced me to her.
A chill ran down my spine.
A bunch of bad things crossed my mind.
I felt stalked.
Bewitched.
I told everyone that it was unacceptable.

SAMANTHA HAS A TEDDY BEAR

Last night they brought Samantha to us
with her books, her cradle, and clothes to wear.
She slept as soundly as anyone anywhere,
tucked in tight from head to toe.

Last night they brought Samantha to us.
Orphaned by her parents and the moon.
But she's a lucky doll, born with a silver spoon,
her blanket stitched with threads of gold.

The dining set with table and chairs
where Samantha takes her tea at five
makes us want to boil her alive.

Samantha makes us want to jump
around the soufflé dish.
We truly hate Samantha's guts.

¿Qué pasa cuando uno decide destruir algo?
¿Y el hecho mismo de destrucción
en dónde nos coloca?
Pero cuando lo haces en el poema,
ahí sí, con seguridad,
habrá consecuencias.

SAMANTHA MURIÓ

Colgamos a Samantha por el cuello
cuatro y veinte pasado meridiano.
Era triste su cuerpo tan enano
con un zapato feo y uno bello.

Samantha se llamaba, pero aquello
sonreía diabólico y freudiano,
y su par de pupilas de murano
envolvía en el último destello.

La colgamos así, sin programarlo,
de la ducha. La viga estaba floja.
Tuvimos que ponerlo y ajustarlo.

Por poco su vestido se le moja.
Samantha, corazón, hay que quitarlo.
Samantha se nos puso medio roja.

What happens when you decide to destroy something?
And the very act of destruction,
where does that leave us?
But when you do it in a poem,
then yes, for sure,
there will be consequences.

SAMANTHA DIED

We hung Samantha by the neck
at twenty past four p.m.
Her body was so sad, so dwarfed,
one shoe gorgeous, the other a wreck.

Samantha was her name, but that thing
had an evil smile, a Freudian grin,
and her Murano eyes took everything in
as they closed, in a final sparkle.

We strung her up, with no forethought,
from the showerhead. The beam was loose.
We had to set it and adjust it.

Her dress almost got wet.
Samantha, dear, you'll have to undress.
Samantha blushed and turned a little red.

Legna Rodríguez Iglesias / Miami Century Fox

Fue la primera vez,
en un período de treinta años,
que sentarse en una silla estomatológica
requeriría trescientos dólares.
Eso, y la impresión de que el hombre
lo había hecho todo mal.

EL DÍA QUE A MI NOVIA LE EMPEZARON A DOLER LAS MUELAS

Tenía tanto pánico al doctor
como verse rodeada de serpientes
en zoológico negro, de serpientes
que te pasan la lengua alrededor.

Tenía tanto pánico, y peor
por tratarse de sus únicos dientes.
Algo insólito en días decadentes
donde el miedo no es forma ni color.

Le sudaba la nuca. Se asustaba
con la aguja fatal de la anestesia.
Se moría un momento. Me llamaba.

Yo acudía. La tonta estaba recia.
Más recia de lo que me imaginaba.
Golpeé duro. Después, nube y amnesia.

It was the first time ever,
in a span of thirty years,
that sitting in a dentist's chair
would cost three hundred dollars.
That, and the impression that the man
had done it all wrong.

THE DAY MY GIRLFRIEND'S MOLARS STARTED HURTING

She was so terrified of what the doctor would do,
as though she was surrounded by snakes
in a black zoo where slithering snakes
with flickering tongues lick every inch of you.

She was so terrified, and worst of all,
they were her only teeth,
something unheard of in decadent days like these
when fear has no color and no shape.

The back of her neck was sweating. So scared
was she of that deadly needle with anesthesia.
She went under for a moment. She called me.

I came to her side. The silly girl was tough.
Tougher than I gave her credit for.
I hit hard. And then, clouds and amnesia.

Llegas a otro país
y lo que provoca el dolor cultural
de la falta de vivienda,
haber nacido en un país
donde tres generaciones juntas
nacen y mueren en un mismo espacio,
es volverse loco y alquilar un tráiler,
y salir corriendo del tráiler,
al otro día.

EN COCONUT GROVE, UN TRAILER

Que no, porque si viene algún ciclón.
Que sí, porque estaremos sobre ruedas.
Que no, porque si sales o te quedas.
Que sí, porque en el techo hay un gorrión.

Que no, porque ni espejo ni timón.
Cuidado con los cables, que te enredas.
Que sí, porque nos roban las monedas
los mismos que después piden perdón.

En el portal la hamaca, *super cool.*
Vendrán nuestros amigos al portal.
La yerba siempre verde. Cielo azul.

Los niños encontrándose un panal
adentro de aquel tronco de abedul.
Que no. Que es peligroso. Que está mal.

You arrive in another country
and the cultural pain
caused by the housing shortage,
by being born in a country
where three generations
are born and die in the same space,
makes you go crazy and rent a trailer,
then come running out of the trailer
the very next day.

IN COCONUT GROVE, A TRAILER

No, because if a hurricane hits.
Yes, because we'll be on wheels.
No, because you might stay or you might leave.
Yes, because there's a sparrow on the roof.

No, because no mirror, no steering wheel.
Watch out for the cables, you might get tangled.
Yes, because they steal our coins,
the same who will later ask for a pardon.

The hammock in the front porch is super cool.
Our friends will come to the front porch.
The grass forever green. The sky forever blue.

Children find a honeycomb
in the trunk of that birch tree.
It's a no. It's dangerous. It's wrong.

Lo siento.
Pero prefiero ir a la H&M Store
que a cualquier forma antigua de arquitectura.
Menos que menos
si forma parte
de una tradición católica
en plena ciudad turística.
La cínica no soy yo.

H&M ES AMOR

Primer día de marzo: monasterio.
Es domingo y el día sabe a rayo.
Vendrá después abril, y luego mayo,
y el resto de los días, sin misterio.

Estatua que suplica, hombre serio
mirándome de arriba y de soslayo.
H&M es amor. Me sirve el sayo.
Dios también es amor. Dios y su imperio.

Primer día de marzo: necesito
como mínimo un beso en el cachete,
que no vea la estatua, *rapidito*.

Cinco besos, seis besos, y hasta siete.
Quiero un beso. Lo dejo por escrito
a los pies del altar. Bésame y vete.

I'm sorry.
But I'd rather go to the H&M Store
than to any ancient architectural site.
Even less so
if it's part
of a Catholic tradition
in the heart of a tourist city.
It's not me who's the cynic.

H&M IS LOVE

First day of March, in a monastery where
it's Sunday, a foul-tasting day.
Then comes April, then May,
and all the other days, no mystery there.

A statue implores, a serious man who'll deign
to look at me from above, his eyes a slit.
H&M is love. The cap is a good fit.
God is also love. God and His domain.

First day of March: I need it,
at least one kiss on the cheek,
hidden from the statue, *be discreet*.

Five kisses, six kisses, even seven.
I want a kiss. I put it in writing
at the base of the altar. Kiss me then beat it.

Uno es lo que hace.
Uno es lo que come.
Y uno es, cada vez más, lo que aparenta.
En algunos casos, como el mío,
uno es el resultado
de un esfuerzo muy grande
por conseguir la pared de mano,
y torcerse el cuello.

CIEMPIÉS, ESCARABAJO

En las tiendas de ropa reciclada
hay siempre más mujeres que varones.
Hay vestidos igual que pantalones.
Hay un oso de felpa y una almohada.

Maletas. Fuentes para mermelada.
Pasteles sobre lienzos y condones.
No exageres. Y ni me lo menciones:
un libro con mi nombre en la portada.

Me gusta estar ahí sobre las losas
como en un vertedero de ansiedades.
¿Te imaginas si salen mariposas

de un disco de acetato? ¿Mocedades?
¿Te imaginas si empiezo a robar cosas?
Entonces sí tendré dificultades.

Legna Rodríguez Iglesias / Miami Century Fox

One is what one does.
One is what one eats.
And one is, more and more, what one pretends to be.
In some cases, such as mine,
one is the result
of a very great effort
to do a headstand against the wall
and twist one's neck.

CENTIPEDE, BEETLE

In thrift stores
women always outnumber men.
There are dresses and there are pants.
There's a teddy bear and a pillow.

Suitcases. Marmalade dishes, and look:
condoms and canvases in pastel shades.
No need to exaggerate. You don't say,
there's my name on the cover of a book.

I like it here, right there on the floor,
a dumping ground for all kinds of worries.
Imagine if butterflies swarmed in flurries

out of a vinyl record? Mocedades?
What would happen if I stole some stuff?
Then I'd be in trouble, sure enough.

La flor siempre ha sido
uno de los tópicos poéticos
más frecuentes en la literatura.
La flor tatuada.
Las flores del mal.
La sombra de las muchachas en flor.
Un jardín.
El paraíso.

LA FLOR DEL DINERO

Abro un ojo, otro ojo, y otro ojo
saliendo del azul del sofá/cama.
El brazo/monitor convirtió en rama.
El libro que leía sigue rojo.

Abro puerta/madera con cerrojo.
Me da viento/verano. ¿Quién me llama?
Es la flor del dinero en la retama
que baila para mí. Voy, la recojo.

Flor simbólica en búcaro con agua.
Vaso/búcaro en mesa/fregadero.
¿Quién diría que el agua es solo agua?

Cabeza me recuerda a un jardinero
que sembraba la flor de la majagua.
¿Quién diría que flores son dinero?

Flowers have always been
one of the most frequently mentioned
subjects in literature.
The tattooed flower.
The flowers of evil.
The shadow of young girls in flower.
A garden.
Paradise.

THE MONEY FLOWER

I open one eye, another eye, and another eye,
emerging from the blue of the sofa/bed.
The arm/monitor becomes a branch.
The book I was reading is still red.

I open the bolted door/wood.
I feel the wind/summer. Who is calling me?
It's the money flower on the retama
dancing for me. I go and pluck it.

Symbolic flower in a vase with water.
Glass/vase on the table/sink.
Who would say that water is just water?

The head reminds me of a gardener
who planted the flower of the mahoe tree.
Who would say that flowers are money?

Legna Rodríguez Iglesias / Miami Century Fox

Que te agarren por el cuello y te lo digan.

Por primera vez.

Y veas, por primera vez,

que te equivocaste.

NO SE DICE

Me vengo (fue su voz) puta, cojones.
Pero no me sonaba repulsivo.
Palabras son palabras. Sustantivo
se pone como es. ¡Cómo te pones!

Me vengo (cuarta vez) puta, cojones.
Su cabeza comiéndoselo vivo.
Palabras son memorias. Sustantivo
no sabe traicionar aunque traiciones.

Memoria sobre mí, bajo de mí,
a mi lado, conmigo en una esquina.
Palabra que me gusta y aprendí.

Espérate, cojones. Vaselina.
Su cabeza comiendo carmesí
es palabra, semiótica, y espina.

Having them grab you by the neck and tell you that.
For the first time.
And you seeing, for the first time,
that you were mistaken.

WE DON'T SAY THAT

I'm coming (that's how they said it), bitch, fuck.
But it didn't sound disgusting to me.
Words are words. Nouns are
used as they are. How you are!

I'm coming (fourth time), bitch, fuck.
Their head eating it alive.
Words are memories. A noun does not
know how to betray though betray it may.

Memory over me, under me,
next to me, with me in a corner.
Word that I like, that I learned.

Wait. Fuck. Vaseline.
Their head eating crimson.
It's a word, semiotics, a nagging doubt.

¿Qué pasa con la música?
¿Qué tiene?
¿Qué significa para un ser humano,
abatido, cansado, sobrio,
experimentar el dolor
de la música en la cabeza?

JAZZ NETO

Hay jazz en Coral Gables, gratis jazz,
así que voy corriendo, eso es lo mío.
Son tres viejitos gordos, Murphyn Trío,
y en el público, tres mil viejos más.

Es mediodía y miércoles. Atrás
Salzedo y Aragón forman un lío
de autos y semáforos. Un crío
me ve desde la hierba. Cuánta paz.

Al fin el calvo de la batería
se pone a improvisar junto al del bajo.
Es gratis, por favor, y es mediodía.

Si disfrutas, no coges peste a grajo.
Alégrate, lubrica la alegría,
o sal a conseguir algún trabajo.

What is it about music?
What does it have?
What does it mean for a human being
who is dejected, tired, sober,
to experience the pain
of music in the head?

NET JAZZ

There's jazz in Coral Gables, and it's free,
so that's where I rush, that's my thing.
Murphyn Trío, fat little old men, all three,
that three thousand old men have come to see.

It's noon on Wednesday. And right behind
us Salzedo and Aragón are going wild
in a mess of cars and traffic lights.
A child watches from the grass. Such peace of mind.

Then the bald guy on drums
starts to improvise with the guy on bass.
It's noon and it's free, so please.

If you enjoy, you won't stink like a crow.
Cheer up, lubricate the joy,
or go out and get a job.

Legna Rodríguez Iglesias / Miami Century Fox

La Calle Ocho en Miami, histórica y trágica,
reúne a grupos foráneos que no me gustan.
Algo muy básico en la inteligencia emocional de las personas: el gusto.
No me gustan.
Ni La Ocho.
Ni Flagler.
Ni las personas alrededor del lugar.
No me gustan, los repelo, están fuera del universo.

SECOND TO YOUR LEFT, SECOND TO YOUR RIGHT

En Jaguar amarillo hasta La Ocho
mirando al que me sigue por espejo,
fruncido el corazón y el entrecejo,
más múltiple que azúcar de bizcocho.

Hace un rato cumplí los dieciocho.
Me afeité los sobacos y el conejo.
Salí a desorientar, como un cangrejo,
en Jaguar amarillo hasta La Ocho.

Transeúnte, semáforo, Jaguar
avanza, retrocede, frena, corre.
Yo no sé si La Ocho es un lugar.

La cortina de humo se descorre.
Yo no sé si logré desorientar.
En La Ocho hay un niño y una torre.

Legna Rodríguez Iglesias / Miami Century Fox

Eighth Street in Miami, historic and tragic,
attracts strange groups that I dislike.
Something very basic in the emotional intelligence of people: taste.
I don't like them.
Or Eighth Street.
Or Flagler.
Or the people around the place.
I dislike them, I'm repelled by them, they are outside the universe.

SECOND TO YOUR LEFT, SECOND TO YOUR RIGHT

Riding in a yellow Jag to Eighth Street,
watching in the mirror as he follows me,
heart tightens, eyes start to frown,
more abundant than sugar on a sponge cake.

A while back I turned eighteen.
I shaved my armpits and my crotch.
I went out to confound, like a crab,
in a yellow Jag, down Eighth Street.

Passerby, traffic light, Jag
forward, back, stops, speeds off.
I don't know if Eighth Street is a place.

The smoke screen lifts.
I don't know if I managed to confound.
On Eighth Street, there's a boy and a tower.

Dime algo que sea para siempre.
¿Tu amor y el mío?
¿Tu amistad y la mía?
Entonces ya puedo dormirme,
incluso para siempre.

FOREVER TWENTY-ONE

A Miami, por siempre veintiuno.
A Miami, por siempre veintidós.
Es tan leve que siempre digo adiós
casi siempre después del desayuno.

A Miami riéndome de Bruno.
A Miami con tenis y albornoz.
En Miami sembré mi propio arroz
y comimos arroz inoportuno.

A Miami por siempre veintitrés.
A Miami después del desacato.
Es tan leve que ruedo como nuez

y maúllo perdida como un gato.
A Miami vestida y al revés.
A Miami desnuda es más barato.

Tell me something that will last forever.
Your love and mine?
Your friendship and mine?
Then I can sleep,
maybe forever.

FOREVER TWENTY-ONE

To Miami, forever twenty-one.
To Miami, forever twenty-two.
It's so simple that I always say adiós,
almost always after breakfast is done.

To Miami, laughing at Bruno.
To Miami in sneakers and bathrobe on top.
In Miami, I planted my own rice crop
and rice we ate, inopportune.

To Miami, forever twenty-three.
To Miami after breaking the rules.
So simple that I roll like a nut off a tree,

lost and meowing as a cat would.
To Miami, my dress inside out on me.
To Miami, cheaper in the nude.

Leo en el recuerdo páginas de Faulkner
donde la gente entra a un café,
las puertas se abren,
se cierran,
llega gente desconocida,
intercambio de miradas,
sopla el viento y levanta servilletas,
suena un teléfono en el mostrador,
alguien tose, tal vez.
Nadie estaba metido en Google, en ese tiempo.
Faulkner no lo sabía.

EL STARBUCKS Y LA SILLA GIRATORIA

Por sentarme en la silla giratoria
de un Starbucks oscuro y solitario
se me puso cabeza de estepario
y sistema anatómico de noria.

Por morder una hoja de achicoria
balanceándome así, sobre mi horario,
se me puso riñón de sagitario
y perdí sin saberlo la memoria.

Por jugar aquel juego de abalorio
en Starbucks de aquella periferia
se me puso nariz de sanatorio.

Se me puso de cáñamo la arteria
por girar, como carrusel de emporio
sobre la última silla de la feria.

In my memory, I read Faulkner's pages
where people go into a café,
the doors open,
and close,
unknown people arrive,
they exchange looks,
the wind blows some napkins away,
a phone rings on the counter,
someone coughs, maybe.
No one was immersed in Google at that time.
Faulkner didn't know about it.

STARBUCKS AND THE SWIVEL CHAIR

Sitting on a swivel chair
in a dark and lonely Starbucks
gave me a steppe head
and the anatomy of a Ferris wheel.

Biting a chicory leaf
while swinging on my schedule
gave me a Sagittarian kidney,
and without realizing it, I lost my memory.

Playing the glass bead game
at that outlying Starbucks
gave me a sanatorium nose.

I got hemp arteries
from spinning like a merry-go-round
on the last chair at the fair.

Legna Rodríguez Iglesias / Miami Century Fox

Las relaciones humanas, el intercambio afectivo,
los eventos culturales, las reuniones políticas,
los hechos históricos, las celebraciones,
los entierros, la paz,
se llevan a cabo alrededor de una mesa.
La mesa del bien y del mal.
Mesa endémica.

VOMITAR TODAS LAS DONUTS

Me dijeron "es hora de comer"
y comí como un hombre derrotado
que no sabe si parecer cansado
es mejor que dichoso parecer.

Me dijeron "no pares de comer"
y comí sin futuro y sin pasado,
más alegre que perro en un mercado,
doce horas hasta el amanecer.

Luego eché una a una tanta mierda
que me había tragado noche antes.
Era apenas estúpida y más lerda.

Las pequeñas se fueron por tragantes
aporreándose de derecha a izquierda.
Corazones de harina delirantes.

Human relations, the exchange of emotions,
cultural events, political meetings,
historical facts, celebrations,
burials, peace,
all take place around a table.
The table of good and evil.
Endemic table.

VOMITING ALL THE DONUTS

They told me "it's eating time"
and I ate my food like a beaten dude
who doesn't know if looking tired
is better than looking good.

They told me "don't stop eating"
and I ate without future and without past,
happier than a dog in a market shack,
for twelve hours until dawn.

Then I threw up all the shit
I had swallowed the night before.
I was just a stupid dimwit.

The smaller stuff went down the drain
left and right, back and forth.
Delirious flour hearts once again.

Gris.
Gris.
Gris.
Como el ratón gris de Anais.
Y las ratas alienígenas de 1984.

VEO VEO

Estoy en la ciudad sin ver los carros.
Mis ojos solo ven las lagartijas
de la senda traviesa. Lagartijas
horribles sobre inmóviles guijarros.

Creí ver un bisonte, por los tarros,
pero era solo un hombre con sortijas
comprando en una tienda baratijas,
dos cajas de cervezas y cigarros.

Estoy en la ciudad. ¿*But*, dónde estoy?
Mis ojos solo ven animalitos.
Ardillas, liebres, ratas. Hoy es hoy.

De eso estoy segura. Oigo gritos.
No quiero que me griten. ¿Yo quién soy?
Horrible, cuatro patas, dos ojitos.

Legna Rodríguez Iglesias / Miami Century Fox

Gray.
Gray.
Gray.
Like Anaïs's gray mouse.
And the alien rats of 1984.

I SPY

I'm in the city but no cars in sight.
My eyes only see the lizards
on a walking path. Hideous lizards
on the pebbles, sitting tight.

I thought I saw a bison, because of the horns,
but it was just a man with rings
at the store buying cheap things,
two cases of beer and a pack of smokes.

I'm in the city. *But,* where am I at?
My eyes only see little creatures.
Today is today. Squirrels, hares, rats.

I hear screaming. I'm sure of that.
Don't scream at me. Who am I?
Hideous, four feet, two beady eyes.

En cada libro que escribo
siempre hay una frase igual o parecida a esta:
El amor sí existe.
Nada más lejos de lo que me pasa ahora.
Ni más distinto de lo que estoy segura que es la existencia.
Pero no dejaré de escribirlo.
No me pesa.

BE CAREFUL

Bárzaga & Morales

La cuidé para ti porque era mía.
La dejé donde mismo por el sol.
La cubrí con las hojas de la col.
La besé cada noche y cada día.

Adecuado tenerla todavía
donde hubiera ventanas y farol.
Necesita fugar, cambiar el rol.
Añadirse a la próspera sandía.

Por favor, cógeme la orquídea, mami.
Cógemela despacio y suavemente.
Tiene frío y calor el origami.

Por favor no la cojas con el diente.
Por favor, por favor, despacio mami.
Tiene frío y calor, y llora y siente.

Legna Rodríguez Iglesias / Miami Century Fox

In every book I write
there is always a phrase that is identical or similar to this one:
Love does exist.
Nothing further from what is happening to me now.
Nor more different from what I'm sure existence is like.
But I will not stop writing it.
I don't regret it.

BE CAREFUL

Bárzaga & Morales

I took care of it for you because it was mine.
I left it where it was because of the sun.
I covered it with cabbage leaves.
I kissed it every day and every night.

It would be good if it were still mine,
where there are windows and a lamp.
It must escape, change roles, revamp.
Join the watermelon and thrive.

Please, take my orchid, *mami.*
Take it slow and gentle.
It's cold and hot, the origami.

Please refrain from going dental.
Please, please, slowly, *mami.*
It feels cold and hot, it cries, it's sentimental.

Nos íbamos a ir a vivir a la casa de un drogadicto.
Lo de drogadicto estaba oculto en la semántica de la desesperación.
El drogadicto necesitaba el dinero
y nosotras necesitábamos su espacio.
Había espejos en las paredes y el techo.
Espejos por todas partes.
Es el paraíso, pensé.
Hasta que el drogadicto me miró a los ojos.

WYNWOOD TIENE LA LLAVE

Tres tres tres con setenta y siete kilos.
Tres tres tres, y de depósito cien.
Entro y salgo, tropiezo, voy en tren
a buscar un colchón, maletas, hilos.

Dos hogares, dos meses, dos pistilos
de la flor nacional, sobre la sien.
Entro y salgo, tropiezo, no me ven
corrigiendo mi flor y mis estilos.

Second court, veintidós con veintinueve
al northeast de Miami en La Florida.
Entro y salgo, tropiezo, casi leve.

Entre mar y Biscayne todo se olvida.
De la flor nacional, luz y relieve.
De los números, suma y estampida.

Legna Rodríguez Iglesias / Miami Century Fox

We were going to live at the home of a junkie.
The drug addict part was hidden in the semantics of despair.
The drug addict needed the money
and we girls needed his space.
There were mirrors on the walls and ceiling.
Mirrors everywhere.
It's paradise, I thought.
Until the drug addict looked me in the eye.

WYNWOOD HAS THE KEY

Three three three with seventy-seven cents.
Three three three, and a hundred deposit.
I go in and out, trip, take the train
to get a mattress, suitcases, and threads.

Two homes, two months, two pistils
from the national flower on my temple.
I go in and out, trip, they don't see me
mending my flower and my styles.

Second Court, at Twenty-Second and Twenty-Ninth
in northeast Miami, Florida.
I go in and out, trip, not too heavy.

Between the sea and Biscayne all is forgotten.
About the national flower, light, and relief.
About numbers, additions, and stampede.

Otra vez Kawabata.
La verdad.
Los amigos.
La familia.
Como una contraseña.
Por eso ahora mismo, en su nombre,
le pondré así a la llave que abrirá las puertas.

JET LAG

Se fue a China con chinos en avión.
Se fue a China en avión con otros chinos.
Chinos gordos, delgados, femeninos.
De Shanghái, de Pekín y de Hong Kong.

No se sabe dormir su corazón.
No se quieren dormir sus intestinos.
No reposan sus miedos endocrinos.
No respira tranquilo su pulmón.

Desayuna una sopa con un huevo
delicioso, redondo, chino y suave.
A pinchar el capullo no me atrevo.

No se atreve a pincharlo porque sabe
que lo bello y lo triste es solo un cebo
para hacerla matar su propia ave.

Legna Rodríguez Iglesias / Miami Century Fox

Kawabata again.
Truth.
Friends.
Family.
Like a password.
That is why right now, in his name,
that's what I'll call the key that will open the doors.

JET LAG

She flew to China, with Chinese people on a plane.
She flew to China on a plane with other Chinese.
Fat, thin, feminine Chinese.
From Shanghai, from Hong Kong, and from Beijing.

Her heart doesn't know how to sleep.
Her intestines refuse to go to sleep.
Her endocrine fears will not rest.
Her lungs can't breathe without distress.

For breakfast, soup with an egg dropped in,
delicious, soft, Chinese, and round.
I don't dare puncture the outer skin.

She dares not puncture it for she has found
that beauty and sadness will only bait her in
and make her put her own bird down.

Tengo una teoría.
La forma del poema es al poema
lo que el poema es a la historia.
Es casi lo más importante,
pero no importa.
No interesa.
No sucede nada en concreto.

ORANGE THEORY

Escribía poemas de rodilla
sobre chapas de históricas botellas.
Escribía poemas sobre estrellas
de seis puntas, bengala maravilla.

Escribía con miedo, con cosquilla,
por el filo de chapas y de estrellas.
Escribir me dolía. Las botellas
todavía sostienen la bohardilla.

Era coja, feliz, joven y manca.
Escribía poemas de seis puntas.
Una punta servía de palanca.

Nalgas en posición, rodillas juntas.
Le ponía octosílabos al tanka
y minúscula a todas las preguntas.

Legna Rodríguez Iglesias / Miami Century Fox

I have a theory.
The form of the poem is to the poem
what the poem is to history.
It is almost the most important thing,
but it does not matter.
It is of no interest.
Nothing happens, in fact.

ORANGE THEORY

I wrote poems while on my knees,
on historic bottle caps.
I wrote poems on six-pointed stars.
Sparklers, a wonder to see.

When writing I felt the tickling and scares
of the sharp edges of bottle caps and stars.
Writing was painful. The bottles
still support the garret upstairs.

I was a lame, happy, one-armed young thing.
I wrote six-pointed poems.
One point was a swing.

Knees together and butt in place.
I put octosyllables in my tanka
and answered all questions in lowercase.

Los juguetes que flotan en el agua,
si son de goma o plásticos,
y tienen alguna grieta o rajadura
pueden llegar a convertirse
en una figura parecida a mí.
Aunque yo no floto en el agua.
Ni soy de goma o plástica.

LA CABEZA QUE SE LLENÓ DE AGUA

Hubo un día que a mí me la cortaron
y rodó por la grava la pelota,
que no era pelota y sí una mota
de algodón y saliva. La cortaron

porque se molestó. La demacraron.
Le quitaron el pico a la gaviota.
Ese día dormí como marmota
sin mi pico y sin ti. Me desguazaron.

Me llené. Me inundé. Me quedé viva.
Fue expandiéndose sobre los manteles
la mitad de una taza de saliva.

Sobre los azafranes, los laureles,
sobre flores guerreras, desde arriba,
desde abajo, sin ti, sin decibeles.

Toys that float in water,
if they are made of rubber or plastic,
and are split or cracked,
can turn into
a figure that looks like me.
Although I don't float in water.
Nor am I made of rubber or plastic.

THE HEAD THAT FILLED WITH WATER

One day they cut mine off
and across the gravel rolled the ball,
which was not a ball at all
but a wad of cotton and spit. They cut it off

because it got upset. Nothing left.
They removed the seagull's beak.
I slept like a marmot that day
without my beak, without you. I was bereft.

I filled up. I stayed alive, though overflowed.
Half a cup of spit
spread out on the tablecloths.

On the saffron crocuses, on the laurels,
on warrior flowers, from above and from below,
without you, without decibels.

¿Qué es más verde que una hoja de espinaca?
Cien hojas de espinacas, juntas.

MISIÓN ESPINACA

Mi misión es salvar las espinacas
para hacerle un arreglo al tokonoma
este día de marzo. No fue broma
cuando dije ¿la metes o la sacas?

Se posaron en friso las urracas
y picaron mi espíritu y mi soma.
No picaron la verde monocroma
porque puse paredes, cuatro alpacas.

De follaje y raíces es el trono
donde te sentarás ahora tú.
Para ti mi catana y mi kimono.

Ejercicio de fuego tu kong fú.
Equilibrio magnífico de mono.
Energía de aire de bambú.

> What's greener than a spinach leaf?
> One hundred spinach leaves, together.

SPINACH MISSION

My mission is to set the spinach aside
as an arrangement in the tokonoma,
on this day in March. I kidded you not when I said,
Are you pulling it out or sticking it inside?

Magpies perched on the frieze
and pecked at my spirit and my soma.
They didn't peck the green monochrome
because I put up walls, four alpacas.

Roots and foliage shape the throne
that you will now make your own.
My katana and kimono are for you.

A fire drill your kung fu.
A monkey balance finely honed.
The air-fueled power of bamboo.

He recibido un paquete postal.
Por correo postal.
Con una carta y un matasellos,
y una postal adentro.
Forma de vida *vintage*
a la que nunca renunciaré.

PARA SIEMPRE, BICICLETA

Hoy entré como Pedro por su casa
a la casa que yo creía mía
y vi algo que no me parecía
haber puesto a la entrada de mi casa.

La dejé donde mismo. Fui a la taza,
oriné como Pedro orinaría.
Regresé. Me asomé. Ahí seguía
perezosa como una calabaza.

La tomé por un lado. Me reí.
Me sentí más alegre y más inquieta.
Me serví doble copa, Bacardí.

Yo con ella mañana hasta la meta.
Subiremos al monte Sinaí.
Perderé, con el viento, mi peineta.

Legna Rodríguez Iglesias / Miami Century Fox

I received a parcel.
Sent by the postal service.
With a letter and a postmark,
and a postcard inside.
A kind of vintage lifestyle
that I will never renounce.

FOREVER, BICYCLE

Today I walked into what I thought was my home,
like Pedro would, and there in the front hall
I saw something I didn't recall
having placed at the front door of my home.

I left it there and went to pee.
And I peed like Pedro would pee.
I came back. And there it was,
as lazy as a pumpkin squash.

I took it from the side. I laughed.
I felt happier and more restless.
I downed some Bacardi, a double shot.

Tomorrow, we'll go all the way.
We'll climb Mount Sinai to the top.
And the wind will blow my comb away.

El propio libro solo,
único en su expresión y su forma,
fluyó hacia ese número,
azaroso,
que me recuerda a mamá,
y con el que podría felicitar a mamá,
en vísperas del Día de Las Madres.
Todo en mis viajes corporales refiere siempre a ese número,
que en este caso y al revés, es también el nombre de un juego.
El primer juego que me enseñara mamá.

QUINCE & QUINCE

Desde el once comienza lentitud.
En el doce no sé si estoy despierta.
Para el trece tan viva como muerta.
El catorce persona sin salud.

Lentitud es igual a lentitud.
Abrir ojos igual a estar despierta.
Respirar porque viva y porque muerta.
Respirar, abrir ojos, bueno y *good*.

Jorobada con libro y sin lectura.
Medio coja con yeso y sin esguince.
Lamentable problema de escritura.

Elefante. Conejo. Perro. Lince.
Demasiado pesada la armadura.
Ya nací doblemente y era quince.

The book itself,
unique in its expression and form,
flowed toward that number,
hazardously,
which reminds me of Mom,
and which I could use to congratulate Mom,
on the eve of Mother's Day.
Everything in my corporeal travels always refers to that number,
which in this case, and the other way around, is also the name of a game.
The first game Mom ever taught me.

FIFTEEN & FIFTEEN

From eleven on, it loses speed.
At twelve, I don't know if I'm awake.
At thirteen, I'm half alive, half dead.
At fourteen, someone's unwell.

Slowness seems as slowness should.
Opening your eyes is like being awake.
Breathing while alive or at your wake.
Breathing, opening your eyes, *bueno* and good.

Hunched over a book, not reading a thing.
Half lame, no sprain, but in a plaster cast.
Hopeless problem with writing.

Elephant. Rabbit. Dog. Lynx is last.
The armor too heavily weighing.
I was doubly born and fifteen it was.

Hola,
tu ID de Apple
se acaba de usar para descargar Podcasts del App Store.
La operación se ha realizado en un ordenador o dispositivo
que nunca se había asociado con ese ID.
También puedes recibir este correo electrónico
si has restablecido tu contraseña desde la última compra.
Si eres tú quien inició esta descarga, puedes ignorar este mensaje.
Solo se te envía para alertarte en caso
de que no hayas sido tú el que la inició.
Si no eres tú quien inició esta descarga,
te aconsejamos que vayas a,
y luego consultes
el,
donde encontrarás más ayuda.

Atentamente,
Apple

APPLE PIE

Su mujer, la tercera, y ella misma
constituyen a priori tres mujeres.
No me digas a mí que tú me quieres
ni me quieras después de la llovizna.

A pesar de las aguas, se me tizna
la mejilla y el busto. Donde fueres
haz sin duda lo próximo que vieres,
aunque vieres amor en la marisma.

A mí nada me duele ni me extraña.

Hello,
your Apple ID
was just used to download podcasts from the App Store.
The operation has been performed on a computer or device
that had never been associated with that ID.
You may also receive this email
if you have reset your password since your last purchase.
If you initiated this download, you can ignore this message.
You are only receiving this to alert you in case
it was not you who initiated it.
If you did not initiate this download,
we advise you to go to,
and then consult
the,
where you will find more help.

Sincerely,
Apple

APPLE PIE

Her wife, the third, and she herself
constitute, a priori, three women.
Don't tell me that you love me
and don't love me after the drizzle.

Despite the water, my cheek
and my chest turn black. Wherever you might
be, definitely do whatever you might see next,
even if you see love in the marsh.

Nothing hurts me, nor surprises me.

A mí nada me asombra. Dame moka.
Dame lluvia de Facebook y lasaña.

Dame triángulo recto, boca a boca.
Dame tos, dame sed, dame migraña.
Me seduce, me mira y no me toca.

Nothing astonishes me. Give me mocha.
Give me a Facebook shower and lasagna.

Give me a straight triangle, mouth to mouth.
Give me cough, give me thirst, give me migraine.
It seduces me, looks at me, and doesn't touch me.

Ella es el Día del trabajo,
y mamá es el Día del trabajo,
y la huella digital de mi dedito
que me acaban de tomar y asimilar
es mi Día del trabajo.
¡Dame tu mano, trabajador!

FINGERPRINT

Si me llega el permiso de trabajo
voy a hacer el trabajo a mi manera.
Un horario que incluya la salmuera,
la trombosis, y algún escarabajo.

Si me llega, merezco un agasajo
de tijera detrás de la escalera
-afilada con uña la tijera-,
y silencio de cine en el tejado.

Si consigo trabajo, con permiso
de quien diera permiso a mi persona
voy a darme candela desde el friso,

y con fuego en los ojos, por cabrona,
te veré y me verás, país mestizo,
Nueva York, La Florida y Arizona.

She is Labor Day,
and Mom is Labor Day,
and the digital print of my little finger
that they just took and assimilated
is my Labor Day.
Give me your hand, worker!

FINGERPRINT

If I get my work permission
I'm going to do the job my way.
On a schedule that includes brine every day,
a beetle, and a thrombosis condition.

If I get it, I deserve to be received
with scissors behind the stairs in style
—scissors sharpened with a nail file—
and movie-house silence under the eaves.

If I get a job, with permission
from whoever gave me a permit,
I'm going to beat myself up from the frieze,

and with fire in my eyes, for being a bitch,
I'll see you and you'll see me, mestizo nation,
New York, Florida, and Arizona.

SEÑOR ARTILUGIO

Cumplir años. Cumpleaños. Más feliz.
Más mujer. Más aguja. Más pajar.
Otro ícono. Más hijos. Más hogar.
Más espina. Más diésel. Más país.

Más peciolo. Más tilo. Más anís.
Más cabeza. Más ojo. Más pulgar.
Más saliva. Más Google. Más Pixar.
Otro síndrome. *Matrix* y matriz.

Más cebolla. Más ajo. Más mostaza.
Más *Publix*. Más *delivery*. Más pies.
Más mamífero. Más máquina. Más raza.

Más inglés, criatura, más inglés.
Espanta con el libro la guasasa.
¿Tienes nombre y memoria? *Maybe*, yes.

Am I Miami's son?
and do I owe myself to Miami?

MISTER STUNT

One more year. Birthday. More happiness.
More woman. More needle. More hayloft.
Another icon. More children. More home.
More thorn. More diesel. More country.

More petiole. More linden. More anise.
More head. More eye. More thumb.
More saliva. More Google. More Pixar.
Another syndrome. Matrix and *matriz*.

More onion. More garlic. More mustard.
More Publix. More delivery. More feet.
More mammal. More machine. More race.

More English, sweetie, more English.
Swat that gnat with the book.
Do you have a name and memory? *Maybe*, yes.

En inglés hay expresiones sexuales
que en español podrían ser,
incluso, materia poética.
Una de las expresiones más hermosas
que he logrado descifrar
no tiene nada que ver con sexualidad
y sí con fauna doméstica:
"Llovían gatos y perros".

HAND JOB

Con las manos se puede balbucear.
Con la boca lo mismo, pero no.
Con los pies casi tanto, pero yo
utilizo las manos sin lavar.

Con las manos se puede hasta llorar
si las pones así, si te dolió.
Al cortarme las manos me gustó
porque ya no tendría que matar.

Para entonces pensé que los metales
detendrían mi sed y mi apetito.
Todos éramos tan horizontales.

Ya sin manos, ni Sísifo ni el mito
me importaron. Mis manos son reales
aunque manos no tenga, ¡qué bonito!

In English, there are sexual expressions
that in Spanish might even be
poetic material.
One of the most beautiful expressions
that I have been able to decipher
has nothing to do with sexuality,
but rather with domestic fauna:
"It was raining cats and dogs."

HAND JOB

You can stammer with your hands.
With your mouth too, but no.
With your feet, you can almost do it, just so,
but I use my unwashed hands.

You can even use your hands for weeping,
if you put them like this, if you're in pain.
When I cut my hands, I stood to gain
because it prevented me from killing.

By then I thought that metals might
quench my thirst, sate my appetite.
We were all so horizontally in line.

With no hands now, I did not feel
much for Sisyphus or the myth. My hands are real
though I have no hands, how fine!

Legna Rodríguez Iglesias / Miami

Uno es su nombre.
Demasiada gente ya ha hablado sobre eso
y sobre la connotación de eso
y sobre la noción del ser
que implica el nombre,
lo nombrado.
Sin embargo, cuando el mismo nombre
es pronunciado de otra forma
ha ocurrido un fenómeno
que no es ni fuga ni transformación.
Es una perturbación.

WHAT IS MY NAME?

Al decir tengo hambre, tengo hambre.
Al decir tengo miedo, tengo miedo.
Al decir tengo hambre y tengo miedo
las dos piernas me tiemblan de calambre.

¿Si me tapo la boca tendré hambre?
¿Si me coso los labios tendré miedo?
Desenróscase lengua cuando cedo
como rollo de púas y de alambre.

Y al decir tengo hija y tengo hijo
no se oye la voz, no pasa nada.
No me pongo contenta ni me aflijo.

Y al decir tengo rabia y tengo espada
pareciera que digo un acertijo,
pero cuándo, si siempre estoy callada.

Rodríguez Iglesias / Miami Century Fox

One is one's name.
Too many people have already talked about that
and about the connotation of that
and about the notion of being
that the name implies,
what is named.
However, when the same name
is pronounced differently
a phenomenon has occurred
which is neither flight nor transformation.
It's a disturbance.

WHAT IS MY NAME?

When I say I'm hungry, I'm hungry.
When I say I'm afraid, I'm afraid.
When I say I'm hungry and afraid
both my legs tremble with cramp.

If I cover my mouth, will I be hungry?
If I saw up my lips will I be afraid?
My tongue unravels when I yield
like a roll of barbed wire.

And when I say I have a daughter and a son
my voice goes unheard, nothing happens.
I get neither happy nor upset.

And when I say I'm enraged and have drawn a spade
it might seem that I have posed a riddle,
but when would that be, if I'm always hushed?

Legna Rodríguez Iglesias / Miami Century

Había una vez un amigo mío
que desapareció de mi vida.
Quería irse a una playa
y conservar la naturaleza.
Me encanta pensar
que yo soy la naturaleza
y que él me conserva
tal y como soy.

EL HOMBRE QUE CUIDABA PINGÜINOS SUICIDAS EN LAS PLAYAS ABANDONADAS DEL MUNDO

Melancólico y solo, con pingüino
melancólico y solo en una playa
melancólica y sola. No canalla.
No cansado. No feo. No mezquino.

Melancólico sí. Por un camino
de sargazos y muerte y atarraya.
La botella feliz. Eso no falla.
La botella, la noche y un pingüino.

Melancólico y solo. Mar de pluma.
¿Dónde están tus amigos, tu familia?
Bebe un poco, sonríe, llora, fuma.

No acaricies pingüinos. Es zoofilia.
No confundas la arena con la espuma.
Agradece. Recuerda. Reconcilia.

Once upon a time a friend of mine
vanished from my life.
He wanted to go to a beach
and preserve nature.
I love to think
that I am nature
and that he preserves me
just the way I am.

THE MAN WHO CARED FOR SUICIDAL PENGUINS ON THE DESERTED BEACHES OF THE WORLD

Melancholy and alone, with a penguin in tow
that is also melancholy and alone
on a melancholy, lonely beach. Not a mean bone
in his body. Not tired. Not ugly. Not a rogue.

Yes, melancholy. He roams far and wide
on a path of sargasso and death and fishnets.
The happy bottle. That never fails.
The bottle, night, and a penguin at his side.

Melancholy and alone. Sea of feathers.
Where are your friends, your family?
Drink a little, smile, cry, smoke for a while.

Don't pet the penguins. That's bestiality.
Don't confuse sand with foam.
Be grateful. Remember. Reconcile.

Igual sensación de desesperanza:
verte esperándome a las 2 am
en la Coral Way y la 17,
y no verte esperándome a las 2 am
en la Coral Way y la 17.

LIGHTING PARADISE

¿Luz y lámpara son la misma cosa?
¿O la lámpara es solo luz exigua?
¿O la luz es la luz porque es ambigua?
¿O la lámpara es lámpara curiosa?

¿Tengo ganas de luz o estoy rabiosa?
Uno siempre lo sabe o lo averigua.
¿Habrá luz allá donde la manigua
es un bosque de lámparas? ¿Luz, fosa?

¿Tengo ganas de luz o solo ganas?
¿Son las ganas de luz ganas de todo?
¿Da lo mismo con ganas que sin ganas?

Uno siempre lo sabe de algún modo.
Uno tiene más lámparas que ganas.
No me des con la lámpara en el codo.

Legna Rodríguez Iglesias / Miami Century Fox

Same feeling of hopelessness:
to see you waiting for me at 2 a.m.
on Coral Way and Seventeenth,
or not see you waiting for me at 2 a.m.
on Coral Way and Seventeenth.

LIGHTING PARADISE

Is light the same thing as lamp?
Or is the lamp merely meager light?
Or is light's ambiguity what makes it light?
Or is the lamp an inquisitive lamp?

Do I yearn for light or am I furious?
We always know or we inquire.
Will there be light where the entire
scrubland is a forest of lamps? Light, ditch?

Do I yearn for light or merely yearn?
Is my yearning for light a yearning for everything?
Is it all one, to yearn or not to yearn?

Somehow one always winds up understanding.
One has more lamps than yearning to burn.
Don't use the lamp to bruise my elbow.

El nuevo trabajo es agotador.
Parada frente a un horno con una pala en la mano.
Y corriendo de aquí para allá
con dos o tres bandejas en la mano.
Y cargando unos recipientes
llenos de vegetales artificiales.
Y limpiando con un trapo.
Lo que más disfruto
es picar en cuatro
algo llamado *sausage*.

LA CASA DEL CROISSANT

Son obesas mis nuevas compañeras,
Bibi, Susy, Soraya, Cary, Nora.
Enceguece la luz de cada hora.
Dificulta subir las escaleras.

Comen más que los niños y las fieras,
Bibi, Susy, Soraya, Cary, Nora.
Yo las veo comer. Nunca se atora
ni Soraya, ni Cary. Si supieras

que al meter y sacar cada pedido
yo te extraño tan silenciosamente
que ninguna jamás me ha sorprendido.

Lo que pienso en los hornos no se siente.
Voy al baño a llorar. Bibi se ha ido.
Seguiremos sin ella. Queda gente.

ríguez Iglesias / Miami Century Fox

The new job is exhausting.
Standing in front of an oven with a shovel in hand.
And running back and forth
carrying two or three trays.
And hauling containers
filled with artificial vegetables.
And wiping with a rag.
What I enjoy most
is cutting into fourths
something called sausage.

THE CROISSANT HOUSE

My new colleagues are obese,
Bibi, Susy, Soraya, Cary, Nora.
The blinding light makes it hard to see.
Cannot climb the stairs with ease.

They eat more than children or wild beasts,
Bibi, Susy, Soraya, Cary, Nora.
I watch them eat. She never gags, that Soraya.
Cary neither. If you only knew

that when sticking in or pulling out each request
I miss you ever so silently
that not one of them has yet surprised me.

What I think by the ovens cannot be sensed.
I went to the bathroom and wept. Bibi's gone.
But we'll carry on. Some people remain.

A los *slices* se les puede poner más de seis ingredientes.
Y están los *slices* All the Way
que incluyen todos los ingredientes
menos el pollo, la piña, y las anchoas.
Poner anchoas en los *slices*
es asqueroso y desagradable.
Pero comerlas no.
A la gente le gusta hacer pedidos
que incluyan muchísimos ingredientes.
Mientras más sabores, mejor.
Como la luz.

ARRE JOHNNY

Necesito reunir bastante *money*
para quedarme echada en mi rincón
cuatro días, cien días, un millón,
y salir a pasear sobre mi pony.

Arre Johnny, camina, arre Johnny.
Vayámonos bien lejos, corazón.
Aquí las cosas huelen a jamón,
a tocino y salchicha y *pepperoni*.

Hace tanto calor, tanto bochorno.
Arre papi, camina, tengo prisa.
Me quemé las dos manos en el horno.

Si llegamos al círculo de tiza
borraré para siempre su contorno.
Adiós queso proceso, *goodbye* pizza.

Rodríguez Iglesias / Miami Century Fox

The slices can get more than six ingredients.
And there are All-the-Way slices
which include all the ingredients
except chicken, pineapple, and anchovies.
Putting anchovies on slices
is disgusting and unpleasant.
But not eating them.
People like to place orders
that include many ingredients.
The more flavors, the better.
Like light.

GIDDY-UP, JOHNNY

I need to raise enough money
to stay in my corner on the floor
four days, a hundred days, a million or more,
and go for a ride on my pony.

Giddy-up, Johnny, go, giddy-up, Johnny.
Let's go far away, honey, let's scram.
Here things smell like ham,
like bacon and sausage and pepperoni.

It's so hot, so muggy.
Giddy-up, Daddy, I'm in a hurry.
I burned both hands on the oven.

If we come to the chalk circle
I will erase its outline forever.
Goodbye, processed cheese, goodbye, pizza.

En español, existe una letra llamada ye,
conocida también como i griega.
Eso siempre me ha parecido curioso.
Y especial.
¿Te imaginas si cada letra
tuviera su propio país de origen?
¿Si cada una hubiera surgido
en una región diferente?

DELIVERY SE ESCRIBE CON I GRIEGA

Delivery se escribe con *i* griega
aunque sea italiana la comida.
Mi cara me parece conocida
aunque cuando la llamo nunca llega.

También *Friday* se escribe con *i* griega,
y el resto de las noches de mi vida.
Omega me parece conocida
aunque cuando la llamo no es Omega.

Lo que me está pasando es una tara
de familia con tiempo detenido.
La miro y no se mueve la cuchara.

Un hombre me parece conocido
pero ya no me gusta más su cara.
Hace más de diez *Fridays* que se ha ido.

In Spanish, *y* is called *ye*,
also known as *Greek i*.
That has always seemed odd to me.
And special.
Can you imagine if every letter
had its own country of origin?
If each had come
from a different region?

DELIVERY IS SPELLED WITH A GREEK *I*

Delivery is spelled with a Greek *i*,
even when it's Italian food.
My face seems familiar
although when I call it, it never comes through.

Friday is also spelled with a Greek *i*,
and all the other nights of my life.
Omega seems familiar to me
but when I call it, it's not Omega.

What's happening to me is a genetic defect
where time has stopped still.
When I look at the spoon it hasn't shifted.

A man seems familiar to me
but I no longer like his face.
It's been more than ten Fridays since he drifted.

Temo empezar a tener pesadillas
con grúas que me llevan del parqueo mi automóvil
después de haber estado pagándolo
desde hace un par de años.
No tengo automóvil.
Solo una bicicleta.
Con seis velocidades.

PRESENT PERFECT

La mañana empezó con una grúa
que alejábase rápido de mí.
Grúa mala y pesada porque sí.
Negativa y patética la grúa.

Se enredaron mis pies y no era púa.
Parpadearon mis ojos y no vi.
Al salir por la puerta que salí
dije *bye*. ¿Quién tuviera aquella grúa?

En su mano huesuda se llevaba
como flor sacudida de la tierra
mi automóvil. Ya nada me importaba.

Una música de serrucho y sierra
a mi cuerpo caído levantaba
como flor sacudida de la tierra.

I fear I'll start having nightmares
about tow trucks taking my car from the parking lot
after paying for it
over the past two years.
I have no car.
Only a bike.
A six-speeder.

PRESENT PERFECTO

Morning started with a tow truck
speeding away from me.
Lousy tow truck. Just because. Real mean.
What a negative, pathetic tow truck.

My feet got tangled but not stuck.
My eyelids fluttered, I could see no more.
And as I headed out the door
I said adiós. I wish I had that tow truck!

It clenched my car in its bony claw,
like a flower from the dirt, roughly plucked.
To me, nothing mattered anymore.

To a song of saws,
my crumpled body rose,
like a flower from the dirt, roughly plucked.

Hicieron un cine en la nueva casa.
Con un proyector y una pared vacía.
Es tan excitante como el Cine de la ciudad en que nací.
Yo ocupo un cuarto en la nueva casa.
Mi humilde aporte al cine
ha sido un disco externo lleno de información
y una pizza de tomate y *garlic*
hecha con mis propias manos.

TOPOS

Como en una película de Pier
Paolo Pasolini, la basura
creció frente a mis ojos, suave y dura.
Esquirlas, flores, latas, alfiler,

baúl, vómito, libros, neceser,
salchichas, ropa, fresas, levadura,
etcétera y etcétera. Locura
de Pasolini ante el amanecer.

Locura y desvergüenza. Cae un copo
sobre el contenedor abotargado
frente a mis ojos de tímido topo.

Me voy a zambullir, azucarado.
No voy a contenerme, porque un topo,
siempre encuentra, si busca con cuidado.

They built a home theater in the new house.
Using a projector and a blank wall.
It's as exciting as the movie house in my hometown.
I occupy a room in the new house.
My humble contribution to film
has been an external drive full of information
and a tomato-and-garlic pizza,
made with my own hands.

MOLES

Like in a movie directed
by Pier Paolo Pasolini, the size
of a soft, harsh pile of trash grew before my eyes.
Shards of metal, flowers, cans, a pin collected,

a trunk, vomit, books, clothes,
a toilet kit, sausages, strawberries, yeast,
etcetera and etcetera. A crazy feast
from Pasolini as the sun rose.

Madness and shamelessness. A flake flies
onto the overflowing dumpster
before my shy mole's eyes.

Sugar-coated, no apprehension,
I'm diving in, because a mole always
finds something when he pays close attention.

Este libro es un experimento.
Doloroso y cruel.
En todos los sentidos.
Por más que sumo y multiplico,
el muermo sale de mí,
y me rodea.

NO ME FLORES

Si me muero en Miami no me flores.
Si me muero en Miami carretera.
¿No recuerdas gentil azucarera
aquel tiempo? Los últimos amores

ya no vuelven jamás. Días mejores
que florecen debajo de la acera
por donde yo camino. Que se muera
el músculo, de penas y dolores.

Si me muero en Miami dame *spray*.
Si se muere mi oreja cómo sigo.
Si se muere en lo oscuro mi mamey.

Aquel tiempo dichoso fue contigo
miel de abeja, pan suave, Camagüey.
No me flores, gentil, sobre el ombligo.

This book is an experiment.
Painful and cruel.
In every sense.
As much as I add and multiply,
malaise seeps out of me,
and surrounds me.

DO NOT FLOWER ME

If I die in Miami, do not flower me.
If I die on a Miami highway.
Do you not, gentle sugar bowl, remember
that time? Last loves

never return. Better days
are blooming beneath the sidewalk
where I'm walking. Let
the muscle die of sorrow and pain.

If I die in Miami, give me some spray.
If my ear dies, how would I go on?
If my mamey dies in the dark.

That happy time with you was
bee's honey, soft bread, Camagüey.
Do not flower me, kindly, on my navel.

Una despedida es un capricho.
Otro convenio del ser humano
para estar a salvo en sí mismo.
El mayor problema es que los demás
también necesitan esa despedida
para estar a salvo en ellos mismos.
Se me va de las manos.

ADIÓS, GOODBYE

He tomado la US 1 al sur
y estoy *missing* y estoy medio mongólica.
Que parezco una antena parabólica
observando las puertas color púr-

pura, índigo. Llanto de lemur
por haberme perdido, por bucólica.
Que tal vez despedida fue simbólica
o me fui despidiendo sin abur.

He tomado la US 1 al norte.
He querido quedarme en el asiento.
He perdido también mi pasaporte.

Corazón de lemur medio violento.
Que aparezca una amiga o un consorte
para hacerle mi nuevo juramento.

A farewell is a whim.
Another convention of human beings
to be safe from themselves.
The biggest problem is that others
also need that farewell
to be safe from themselves.
It gets out of hand for me.

ADIÓS, GOODBYE

I've taken US 1 heading south
and I've gone missing and am somewhat moronic.
I look like a satellite dish
watching the doors painted in shades of purple

and indigo. A lemur cries
because I'm lost, and bucolic.
So perhaps that farewell was symbolic
or I left without saying toodle-oo.

I've taken US 1 heading north.
I wanted to stay in the seat.
I have also lost my passport.

Heart of a somewhat violent lemur.
I hope a friend or a mate will appear
to administer my new oath.

A los cuatro meses exactos
de haber salido del país
sin ningún plan exacto pero sabiendo
que no regresaría pronto
se murió la persona
más importante del mundo para mí,
y eso no me lo voy a perdonar
nunca.

DUÉRMETE YA

Se durmió. Se secó. Se quedó sola
entre cuatro paredes de tungsteno.
Yo me quise dormir y fue tan bueno
como playa sin óvalo y sin ola.

Me dormí. Me sequé. Me quedé sola
entre cuatro costillas de su seno.
Nos dormimos las dos y fue tan bueno
como playa sin música y sin ola.

Se durmió tan profundo que no supe
Despertarla después de la ceniza.
Me dormí tan profundo que no supe.

Se reía dormida. Me dio risa.
Me metí por debajo y ya no cupe.
¿Se llamaba Roselia o era Luisa?

Legna Rodríguez Iglesias / Miami Century Fox

Precisely four months
after leaving my country
with no precise plan, but knowing
I would not return soon,
the most important person
in the world for me died,
something I will never forgive myself for,
ever.

SLEEP NOW

She fell asleep. Dried up. All alone
within four tungsten walls.
I wanted to sleep and it felt as good
as a beach without a ripple, without a wave.

I fell asleep. Dried up. All alone
within the four ribs of her bosom.
We both slept and it felt as good
as a beach without music, without waves.

She slept so deeply that I could not
awaken her beyond the ashes.
I slept so deeply I knew nothing.

She laughed in her sleep. It made me laugh.
I crawled underneath but no longer fit.
Was her name Roselia or was it Luisa?

Y así, como una fórmula física,
o química, o matemática,
yo quería que la última palabra de este libro,
la palabra que le pusiera la tapa al pomo,
fuera precisamente esa, Miami.

MIAMI FUTURE

Para mí todo el sueño y el dolor
porque son a mi boca panes tiernos.
Se acercan unos pájaros maternos.
Un águila seguida de un azor.

Para mí todo el ocio y el error,
porque panes igual, menos eternos,
y calientes igual. Panes y cuernos.
Un águila seguida de un azor.

Debería ser linda y omnisciente.
Debería ser Reina del Salami.
Ves el río y detrás verás el puente.

Debería olvidar sobre el tatami
los años que me quedan en la mente.
Debería olvidar todo Miami.

And so, like a formula in physics,
or chemistry, or math,
I wanted the last word in this book,
the word that would put a lid on it,
to be precisely this one: Miami.

MIAMI FUTURE

Come all you, dreams, come unto me all woes
because to me you taste like fresh loaves.
Some birds approach, maternal.
The bird coming is a goshawk.

Come all you, leisure hours, all you, flaws,
for you too are loaves, less eternal,
but just as warm. Loaves or croissants.
First an eagle then a goshawk.

I should be all-pretty and all-knowing.
I should be the Queen of Salami.
See the river, and the bridge beyond.

I should forget on the tatami
the years that in my mind do still hang on.
I should forget all about Miami.

AGRADECIMIENTOS DEL TRADUCTOR

Tengo una deuda de gratitud con varias personas que me han ayudado en la traducción de esta obra: Tony Beckwith, por su visión poética y sus excelentes revisiones y recomendaciones; Marian Schwartz, la intrépida líder de nuestro grupo de traducción literaria dentro de AATIA en Austin, por su apoyo y ánimo inquebrantables; Tina Posner, por su contagioso amor a la poesía y a la vida; Achy Obejas, por su fe en mí; y Legna Rodríguez Iglesias, por su generosa disposición para ayudarme a comprender su propia obra y las muchas horas de estimulante conversación sobre toda clase de temas poéticos.

A la memoria de Mr. Henry Martin, mi maestro de inglés, con amor y gratitud.

TRANSLATOR'S ACKNOWLEDGMENTS

I have a debt of gratitude to a few people who have helped with the translation of this work: Tony Beckwith, for his poetic insight and excellent revisions and recommendations; Marian Schwartz, the fearless leader of our AATIA Literary Translation SIG in Austin, for her unwavering support and encouragement; Tina Posner, for her contagious love of poetry and life; Achy Obejas, for her faith in me; and Legna Rodríguez Iglesias, for her generous disposition while helping me understand her own work, and the many hours of stimulating conversation about all things poetic.

In loving memory of Mr. Henry Martin, my English teacher, with gratitude.

CPSIA information can be obtained
at www.ICGtesting.com
Printed in the USA
LVOW12s2241081117
555574LV00002B/2/P